AF151175

BEI GRIN MACHT SICH IHR
WISSEN BEZAHLT

- Wir veröffentlichen Ihre Hausarbeit,
  Bachelor- und Masterarbeit

- Ihr eigenes eBook und Buch -
  weltweit in allen wichtigen Shops

- Verdienen Sie an jedem Verkauf

Jetzt bei www.GRIN.com hochladen
und kostenlos publizieren

Bibliografische Information der Deutschen Nationalbibliothek:

Die Deutsche Bibliothek verzeichnet diese Publikation in der Deutschen National-
bibliografie; detaillierte bibliografische Daten sind im Internet über http://dnb.d-
nb.de/ abrufbar.

Impressum:

Copyright © 2008 GRIN Verlag
Druck und Bindung: Books on Demand GmbH, Norderstedt Germany
ISBN: 9783656346555

Dieses Buch bei GRIN:

https://www.grin.com/document/207419

Anonym

Formen der Wahrnehmung in Georg Büchners Erzählung "Lenz"

GRIN Verlag

GRIN - Your knowledge has value

Der GRIN Verlag publiziert seit 1998 wissenschaftliche Arbeiten von Studenten, Hochschullehrern und anderen Akademikern als eBook und gedrucktes Buch. Die Verlagswebsite www.grin.com ist die ideale Plattform zur Veröffentlichung von Hausarbeiten, Abschlussarbeiten, wissenschaftlichen Aufsätzen, Dissertationen und Fachbüchern.

Besuchen Sie uns im Internet:

http://www.grin.com/

http://www.facebook.com/grincom

http://www.twitter.com/grin_com

Formen der Wahrnehmung in Georg Büchners Erzählung „Lenz"

In der Erzählung „Lenz" von Georg Büchner, geht es um den psychisch kranken Schriftsteller Jakob Michael Reinhold Lenz, welcher nach seiner Flucht aus seinem Heimatort von Johann Friedrich Oberlin, einem Pfarrer und Sozialreformer in Waldbach, aufgenommen wird und dort unter dem Schutz und der Obhut Oberlins eine Weile sein Leben verbringt. Allerdings kommt auch dort seine Krankheit zum Ausbruch, was durch seine Art wahrzunehmen begründet ist.

Um etwas über die Wahrnehmungen der Geschichte herauszufinden, sollte man erst einmal definieren, was man unter Wahrnehmung versteht. Laut der Online- Encyclopedia Encarta ist sie ein „Prozess der Verarbeitung der von einem Sinneskanal (...) aufgenommenen Informationen über die Beschaffenheit der physischen Welt zum Zweck der adaptiven (...) Steuerung des Handelns" [1]. Allerdings kann dieser Prozess auch gestört sein, sodass es zu einer selektiven oder auch verschobenen und somit einer falschen Wahrnehmung kommt, was wiederum die vernünftige „Steuerung des Handelns" beeinträchtigt.

Aber wer bestimmt, welche Wahrnehmung richtig und welche falsch ist? In der vorliegenden Erzählung ist es vermutlich die Gesellschaft, die durch Konventionen die Richtung vorgibt. Es könnte eine andere Variante der Geschichte zustande kommen bzw. rekonstruiert werden, wenn diese Konventionen verändert würden, dann könnte sich die Wahrnehmung umkehren und die Sichtweise von Lenzens wäre womöglich sogar die richtigere. Die Sinne von Lenz funktionieren zwar richtig, bei ihm ist aber der Prozess der Verarbeitung der aufgenommenen Informationen manchmal gestört, deshalb nimmt er anders wahr als andere Menschen. In der Geschichte wird besonders seine eigene Wahrnehmung durch verschiedene Formen dargestellt, da aus seiner Sicht berichtet wird, was dem Geschehen außerdem einen ganz bestimmten Charakter verleiht und auch zum Untersuchungsgegenstand werden soll.

Das Erzählte wird durch Wahrnehmung in der Geschichte auf eine bestimmte Weise thematisiert und es werden verschiede Akte der Wahrnehmung

---

[1] URL: http://de.encarta.msn.com/encyclopedia_761571997/Wahrnehmung.html

durch die histoire- und discours- Ebene konstituiert. Diese sollen im folgenden analysiert werden.

Zuerst soll die histoire- Ebene erforscht werden, d.h. es wird untersucht, *was* in der Geschichte erzählt wird.

Die Konfiguration der Figuren lässt sich durch die genauere Betrachtung der einzelnen Geschehensmomente erschließen. Der Protagonist bzw. die Hauptfigur ist ganz klar Lenz, was schon durch die Betitelung der Erzählung „Lenz" deutlich wird. Er hat eine selektive, nichtnormale Wahrnehmungsweise, da er psychisch erkrankt ist. Durch seine Flucht nach Waldbach will er versuchen, dort ein anderes, ruhigeres Leben als sein altes zu führen, was ihm zunächst auch gelingt, aber im Laufe der Geschichte nicht mehr möglich zu sein scheint. Lenz hat viele gegensätzliche Eigenschaften, er kann in einem Moment gleichgültig und ruhig, im nächsten wiederum erregt und nervös sein. Oft überfällt ihn eine panische Angst, er kann nicht schlafen und schließlich ist ihm oftmals auch langweilig. Lenz vertraut sich Oberlin in Gesprächen voll und ganz an und hört auch meistens für eine gewisse Zeit auf diesen, beispielsweise als Oberlin ihn bittet nicht mehr zu baden usw.

Die zweite Hauptperson ist Oberlin, er wirkt beruhigend auf Lenz und wird sozusagen als Helfer in der Not beschrieben: „[...] er wies zurecht, gab Rat, tröstete."[2] Außerdem verhilft er den Leuten im Ort zur Selbsthilfe. Aber auch er erschrickt in den Momenten, in denen Lenz „ausbricht" und versucht sich umzubringen. Er ist sehr um ihn besorgt und bleibt sehr geduldig mit Lenz, wird aber auch einmal unwillig, als Lenz ihm erklärt, dass es ihm zu langweilig sei sich umzubringen. Die Gespräche mit Lenz sind für Oberlin „angenehm und das anmutige Kindergesicht Lenzens machte ihm große Freude."[3]

Zwischen Lenz und Oberlin besteht also ein ungleichwertiges Relationsgefüge. Oberlin liebt Lenz zwar und sieht es als ein Schickung Gottes ihn aufgenommen zu haben, aber Lenz hat für ihn genauso viel Wert wie seine anderen Schützlinge, die er in Notfällen zu versorgen hat, wenn er auf Reisen geht.

---

[2] Georg Büchner, Sämtliche Dichtungen: Dantons Tod. Leonce und Lena. Woyzeck. Lenz, Fikentscher Verlag, Leipzig, 1929, S. 208
[3] ebd.

Lenz hingegen braucht den Schutz und die Obhut von Oberlin unbedingt, er wird von ihm fast abhängig. Das wird sehr deutlich, als Lenz Angst vor der Abreise Oberlins in die Schweiz bekommt. Während dessen Abwesenheit sucht Lenz eine Art Ersatz für ihn, er findet ihn auch- in Madame Oberlin. Allerdings ist diese Beziehung nicht so vertraulich wie mit Oberlin selbst, da Madame Oberlin nicht so gut wie der Pfarrer mit Lenz umgehen kann, sie bemüht sich allerdings.

Eine wichtige Nebenperson ist Kaufmann, er ist ein Freund von Lenz, welcher seine Ankunft in Waldbach damit beginnt, Oberlin von Kaufmann Grüße auszurichten, was aber nur als Vorwand dienen könnte. Kaufmann ist ein Anhänger des Idealismus im Gegensatz zu Lenz, welcher heftig dagegen zu widersprechen vermag. Hier werden nicht nur unterschiedliche Wahrnehmungen, sondern sogar gegensätzliche vorgestellt. Aber dennoch wird die Beziehung beider als eine freundschaftliche benannt. Es wird auch klar, dass Kaufmann nur das Beste für Lenz zu wollen scheint, als er Lenz drängt, wieder zukommen, was Lenz aber logischerweise nicht so auffasst. Auch hier lässt sich eine klare Abtrennung der beiden Wahrnehmungssichten erkennen. Würde der Eine die Wahrnehmung des anderen kennen, käme es vermutlich zu einem Kompromiss zwischen beiden.

Vordergründig bilden sich zwei Figurengruppen heraus, die sich gegenüberstehen- eine ist für Lenz, die andere gegen ihn.

Die, die Lenz dulden oder sich sogar um ihn kümmern, sind die Leute im Dorf und die Oberlins. Die Gegensatzgruppe bilden die, welche ihn als Verrückten bezeichnen oder über ihn verfügen wollen, das sind unter anderem die Mägde auf dem Hof der Oberlins und Kaufmann sowie der Vater bzw. die Familie von Lenz, obwohl sie eigentlich zu den Freunden von Lenz gehören und dieser sie vermutlich auch selbst hinzuzählt. Allerdings wissen sie von seiner Vergangenheit, was ihm missfällt, denn gerade deshalb hat er sich in Waldbach ein neues Leben eingerichtet. Selbstverständlich gehören dazu auch neue Freunde, die indes nichts von früher wissen, was Lenz als Vorteil anzusehen scheint, er fühlt sich nun seinen neuen Freunden zugehörig.

Die Geschichte Büchners stützt sich auf den Bericht Oberlins, der allerdings nur aus Stichpunkten besteht und den Büchner dementsprechend durch die Kombination verschiedener Geschehensmomente ausgeschmückt hat. Darunter sind auch einige, die selektiert werden könnten, da sie für den Fortgang der Handlung keine weitere Bedeutung haben, zum Beispiel, als Lenz eines Morgens hinaus geht und die Welt mit seinen Augen beschrieben wird. Wichtige Geschehensmomente sind die, die seinen Zustand verändern. Die Ankunft Kaufmanns oder die Episode mit dem Mädchen aus Fouday, verschlechtern seinen Zustand. Aber auch die Momente, die dazu beitragen, dass er sich in Waldbach wohler fühlt, wie die Gespräche mit Oberlin oder seine Predigt, sind als relevant anzusehen.

Da man die Erzählung eindeutig als erzählte Geschichte betrachten kann, folgen die Begebenheiten auseinander und nicht nur aufeinander, es liegt also eine Motivation zwischen den verschiedenen Geschehensmomenten vor. Auch hier kann man den Gemütszustand von Lenz als roten Faden festmachen, der sich durch die ganze Handlung zieht, denn dieser verschlechtert oder verbessert sich je nachdem, welches Ereignis vorher stattgefunden hat. Beispielsweise fühlt sich Lenz nach der Ankunft von Kaufmann schlechter, später aber wieder besser, als er über seine Leidenschaft, die Literatur, reden kann. Sein Zustand begründet sich also immer aus einem bestimmten Erlebnis heraus, womit er versucht klar zu kommen.

Durch konzeptuelle Differenzen in den einzelnen Abschnitten der Erzählung weiß man bis zum Schluss nicht, wie das Ende aussehen wird. Am Anfang lässt sich noch darauf hoffen, dass der Zustand von Lenz sich verbessern könnte, da er sich in seinem Fluchtort bei Oberlin zumindest glücklicher zu fühlen scheint als vorher. Er sagt dies selbst, als Kaufmann kommt und Lenz dazu bringen will, wieder zurück in seinen Heimatort zukommen. Lenz erklärt ihm daraufhin, dass er hier seine Ruhe habe und dort wieder toll (verrückt) werden werde. Daraufhin ereignet sich die Episode mit dem Mädchen in Fouday. Von da an scheint der Zustand Lenz' eher schlimmer zu werden und gegen Ende gibt es keine Aussicht mehr auf einen glücklichen Ausgang und Lenz weiß das, da er resigniert alles über sich ergehen lässt, was man mit ihm macht und ihm anordnet zu tun.

In den Ortschaften Waldbach und Fouday lassen sich semantische Räume feststellen, weniger bedeutend ist hingegen Straßburg, wohin Lenz am Ende gebracht wird, es ist nur für den Ausgang der Erzählung von größerer Bedeutung. Höchstwahrscheinlich sind die Orte in Frankreich gemeint, die heute noch die selben Namen tragen. Der bedeutendste Aufenthaltspunkt in Waldbach ist das

Pfarrhaus, in dem Lenz untergebracht ist, und dessen Umgebung, denn dort bestreitet Lenz in der Zeit, in der die Geschichte spielt, jeden Tag sein Leben, dort finden die Gespräche mit Oberlin statt und dort fühlt Lenz sich in der Obhut des Pfarrers wohler als in seinem Heimatort. Fouday, das nicht weit von Waldbach entfernt zu sein scheint, spielt eine größere Rolle, weil Lenz dort die Begegnung mit dem kranken Mädchen hat. Es kommt zu einer Art Grenzüberschreitung, wenn Lenz diesen Ort besucht, da er sich aus dem Schutze Oberlins, der den Menschen Rat geben kann und ihnen Trost spendet, begibt und dort in die Hütte von armen Leuten kommt, die ihn aber dennoch versorgen und ihm eine Unterkunft geben.

Abstrakte Konzepte ergeben sich zum Beispiel in den Oppositionspaaren *Traum und Wirklichkeit, Leben und Tod* und *Gesundheit und Krankheit.* Lenz kann in manchen Momenten nicht unterscheiden, ob er träumt oder ob er wach ist, was er Oberlin auch mitteilt, dieser ist hingegen aber an die Normen seiner Gesellschaft, die in der Wirklichkeit lebt und nicht in einer Traumwelt, angepasst. Einmal kommt es allerdings zu einem Gespräch zwischen den beiden, in dem Oberlin Lenz, der glaubt den Tod seiner Mutter gesehen zu haben und daran Schuld zu sein, von anderen übernatürlichen Dingen erzählt. *Leben und Tod* spielen in der Geschichte somit auch eine große Rolle, vor allem durch die Episode mit dem kranken Mädchen, das Lenz versucht wiederzuerwecken, und aufgrund seiner wiederholten Selbstmordversuche. Dadurch besteht wiederum eine Verbindung zu dem Oppositionspaar *Gesundheit und Krankheit.* Das spiegelt sich durchweg in dem Zustand von Lenz wieder, der ständig schwankt, in einem Moment verhält er sich ganz normal, im nächsten ist es schon wieder aus seiner Ruhe aufgeschreckt.

Nun soll weiterhin die discours- Ebene erforscht werden, d.h. es wird untersucht, *wie* erzählt wird und *wer* erzählt.

Zunächst soll diskutiert werden, *wie* die Geschichte durch den Erzähler berichtet wird.

Dabei wird zuerst versucht werden, die Einordnung in eine Gattung vorzunehmen, was nicht so einfach zu sein scheint. Würde jede Ausschmückung von kleinerer Details weggelassen, käme man wieder an den Ausgangspunkt, den Bericht des historischen Oberlins, zurück. Durch dessen Erweiterung kann auf jeden Fall bewiesen werden, dass es sich um eine „Geschichte" handelt. Aber auch der Begriff „Erzählung" scheint eine Definitionsmöglichkeit für Georg Büchners „Lenz" zu ergeben.

Sprachliche Strukturen weisen sich vor allem durch die Syntax auf. In der Geschichte werden hypotaktischer und parataktischer Satzbau vermischt. Sie weist durch die genaue Beschreibung vieler kleiner Details einen hypotaktischen Satzbau auf, aber wenn einfache Berichte darüber, was Lenz gerade tut, erzählt werden, geschieht das in parataktischer Form, es werden kurze Sätze aneinandergereiht.

Büchner verwendet viele rhetorische Mittel und andere stilistische Aspekte mit der Absicht, eine bestimmte Wirkung beim Leser zu hinterlassen. Die Geschichte regt durch die Übermittlung der Gefühle von Lenz zum tiefsinnigen Nachdenken an, was sicher auch Büchners Intention gewesen ist. Außerdem hat er vermutlich seine persönlichen Erfahrungen, welche denen von Lenz ähnlich waren, darin verarbeitet. Er nutzt in seiner Erzählung viele Vergleiche und Metaphern, um kleinste Details der Umgebung zu beschreiben und damit einen Einblick in die Gefühlswelt von Lenz zu geben. Zum Beispiel, als am Anfang die Flucht von Lenz beschrieben wird: „ [...], er suchte nach etwas, wie nach verlorenen Träumen, aber er fand nichts."[4] Andere rhetorische Mittel, wie Correctio („er war allein, ganz allein"[5]; „er war weg, weit weg"[6]), Personifikation („eine namenlose Angst"[7]) oder Anapher („bald in Gespräch, bald tätig am Geschäft"[8]), um nur einige wenige zu nennen, sollen den Leser dazu zu bringen, sich voll in die Geschichte einzuleben und ihn dadurch zu verzaubern.

Die temporalen Gefüge sind klar zu erkennen, da die Erzählung eine historische Verortung aufweist, denn sie basiert auf einer wahren Begebenheit von 1778, wie sich anhand von Dokumenten beweisen lässt. Die erzählte Zeit erstreckt sich vom 20. Januar bis zum 8. Februar, das Jahr wird allerdings in der Geschichte nicht genannt. Die Erzählgeschwindigkeit ist zeitraffend, da das Verhältnis der Erzählzeit zur erzählten Zeit kürzer ist, für das eigentliche Geschehen nichtrelevante Episoden werden ausgelassen, zum Beispiel durch Zeitangaben wie

---

[4] Georg Büchner, Sämtliche Dichtungen: Dantons Tod. Leonce und Lena. Woyzeck. Lenz, Fikentscher Verlag, Leipzig, 1929, S. 203
[5] Georg Büchner, Sämtliche Dichtungen: Dantons Tod. Leonce und Lena. Woyzeck. Lenz, Fikentscher Verlag, Leipzig, 1929, S. 205
[6] ebd., S. 206
[7] ebd., S. 205
[8] ebd., S. 208

„Einige Tage darauf [...]"[9] oder „manchmal" sowie „gegen Abend"[10]. Allerdings wird die Abfolge der Ereignisse eingehalten, da zwischendurch genaue Datumsangaben wie „Am 3. Hornung"[11] (alte deutsche Bezeichnung für Februar[12]) angegeben werden, die dem Originalbericht Oberlins entsprechen.

Die Figuren kommen in der Erzählung nur sehr selten durch direkte Rede zu Wort. Zum Beispiel als Lenz das Mädchen wieder erwecken will, lässt Büchner ihn „Stehe auf und wandle!"[13] sagen, die Erzählweise ist daher eher eine berichtende.

Wer in der Geschichte erzählt, ist in diesem Fall nicht klar einzuordnen. Die Hauptfigur der Erzählung ist Lenz, der von seinem Elternhaus nach Waldbach in die Obhut des Pfarrers Oberlin flieht. Die Erzählform ist zwar eine Er-Erzählung und der Autor nimmt offensichtlich ein personales Erzählverhalten zu seinem Erzähltem ein, d.h. er schlüpft in die Rolle von Lenz und berichtet aus dessen Perspektive, er fühlt nur mit dessen Sinnen und sein Wissen ist auf das begrenzt, was Lenz weiß, dennoch scheint es an manchen Stellen so, als ob Büchner zu einem auktorialen Erzähler übergeht, welcher dann in den Vordergrund rückt und in den erzählten Vorgang durch Kommentare einhakt, die Lenz auf keinen Fall wissen konnte. Das wird deutlich, wenn er auf einmal seine eigene Situation zu erkennen scheint, zum Beispiel gleich am Anfang, als Lenz einen Abhang erklimmt: „Er begriff nicht, dass es soviel Zeit brauchte [...] er meinte, er müsse alles mit ein paar Schritten ausmessen können."[14] Es wird somit auch von einer heterodiegetischen Erzählposition in eine autodiegetische gewechselt.

Demzufolge ist auch die Sichtweise, die Fokalisierung bzw. der Point of View nicht klar zu erkennen. Der personale Erzähler lässt auf einen internen Point of View (interne Fokalisierung), eine Innensicht, der auktoriale hingegen auf einen polyperspektivischen Point of View (Null- Fokalisierung), also einen

---

[9] ebd., S. 227
[10] ebd., S. 224
[11] ebd., S.225
[12] Duden, 24. völlig neu bearbeitete und erweiterte Aufl., Bibliographisches Institut & F.A. Brockhaus AGm Mannheim, 2006, S. 513
[13] Georg Büchner, Sämtliche Dichtungen: Dantons Tod. Leonce und Lena. Woyzeck. Lenz, Fikentscher Verlag, Leipzig, 1929, S. 226
[14] Georg Büchner, Sämtliche Dichtungen: Dantons Tod. Leonce und Lena. Woyzeck. Lenz, Fikentscher Verlag, Leipzig, 1929, S. 203

omnipotenten bzw. allwissenden Erzähler, welcher alles über die erzählte Welt weiß, schließen.

Lenzens Wahrnehmungen sind also von seinem Empfinden und sein Empfinden von seinen Wahrnehmungen affiziert, es wird aus Lenz heraus erzählt.[15]

Das Verhältnis von Sprechsituation und besprochener Situation ist ungleichmäßig verteilt, da die Sichtweise von Lenz detaillierter beschrieben wird als das wirklich passierende Geschehen, die besprochene Situation. Diese ist im Grunde genommen der Originalbericht Oberlins, welcher nur aus ein paar Stichpunkten besteht. Sie wird ausgeschmückt und dadurch entsteht die Sprechsituation.

Das Aussageobjekt erzählt sofort über das Objekt des Erzählens, also Lenz. Über den Sprecher gibt es dadurch im Text keinerlei Informationen, da er sich auch mit Kommentaren zurückhält und den Leser schon gar nicht anspricht, die Geschichte scheint dadurch, als ob sie sich selbst erzählt und damit auf sich selbst verweist (Selbstreferenzialität).

Demzufolge sind auch die Adressaten und das Verhältnis des Sprechers zu ihnen nicht zu definieren und es kann sich auch kein Sprecher- bzw. Adressatenwechsel ergeben. Der Sprecher scheint sich einfach nicht beteiligen zu wollen oder kann es vielleicht auch gar nicht besser, da er selber nicht besser über die Sache informiert ist. Er lässt die Adressaten einfach mit der Geschichte allein. Aufgrund dieser Neutralität ergibt sich der Effekt, dass diese sich selbst wie Lenz zu fühlen scheinen und direkt in das Geschehen eintauchen, als würden sie es selbst erleben. Diese Funktion des Sprechaktes kann absichtlich vom Autor gewählt sein oder sich einfach so ergeben haben, es ist der Kode des Sprechaktes. Dadurch ergeben sich weitere bestimmte Modalitäten des Sprechaktes. Das vermittelnde Medium ist durch die selten benutzte direkte Rede und dem Beschreiben der Einzelheiten gekennzeichnet, welche den Texttyp der Erzählung definieren. Der Sprechakt wird somit auf geringe Größe fokussiert. Die Korrespondenz zwischen Sprecher und Adressat fällt also nur gering aus, was die Adressaten zu realen statt impliziten Lesern macht, welche sich ganz auf ihre eigenen Gefühle in Bezug zu dem Erzählten verlassen müssen, da sie keiner

---

[15] vgl. Karlheinz Hasselbach, Georg Büchner, Lenz: Interpretation, 2. überarb. und erg. Aufl., R. Oldenburg Verlag, München, 1988, S.60

Anleitung eines Sprechers folgen können, der ihnen eine Richtung vorgeben würde.

Georg Büchners Erzählstandort verändert sich auch im Laufe der Geschichte. In Momenten in denen er in die Rolle Lenzens schlüpft, kann der Leser aus innigster Nähe miterleben, wie Lenz fühlt. Er distanziert sich aber zum Beispiel, als er beschreibt, dass Oberlin es als von Gott bestimmt ansieht, dass Lenz zu ihm gekommen ist. Der Autor nimmt eine mitfühlende Erzählhaltung gegenüber Lenz und auch anderen Personen sowie zu seiner intradiegetischen Welt ein. Diese Welt und die Situation scheint nur in der Vergangenheit existiert zu haben, da man genau weiß, dass sie mit einem 8. Februar geendet hat. Auch scheint sich die Atmosphäre des Erzählstandortes der jeweiligen Laune von Lenz anzupassen. Es kann kein Zufall sein, dass es gerade, wenn Lenz sich unwohl fühlt, kalt und regnerisch ist, wie zum Beispiel am Anfang. Der Raum der Erzählung nimmt also auch eine besondere Rolle ein.

Es gibt dabei nur eine Erzählebene, da keine Rahmen- und somit auch keine Binnenhandlung vorkommen. Man erfährt in der Geschichte nur wenig über die Vergangenheit von Lenz, er war von seinem Elternhaus geflohen, weil er sich dort nicht wohl gefühlt hatte, denn sein Vater wollte, dass er dort seinen Beruf ausübte, der Lenz nicht zu gefallen schien. Auch am Ende der Geschichte wird nur wenig über Lenzens Zukunft gesagt, nur dass er in Straßburg, wo man ihn hinbrachte, sein Leben lebte. Man kommt also nicht über die eine Ebene der Geschichte hinaus.

So wird klar, dass die Wahrnehmung in der Geschichte eine entscheidende Rolle für das Entstehen der Erzählung sowie ihren Fortgang spielt. Durch verschiedene Sichtweisen treten verschiedene Formen der Wahrnehmung auf. Sie bilden alle ein anderes Bild der Wirklichkeit in der Erzählung ab und lassen dadurch wiederum eine neue Wirklichkeit entstehen, die je nach Betrachtung und Sichtweise bzw. Wahrnehmung als wirklich oder als unwahr eingeordnet werden kann.

Die Wahrnehmung kann durch das Leiden, die Gesellschaft, Kunst und Natur sowie Religion thematisiert werden.[16] Leiden wird thematisiert, da das Leiden von Lenz sich bei ihm durch eine falschen Form der Wahrnehmung

---

[16] Karlheinz Hasselbach, Georg Büchner, Lenz: Interpretation, 2. überarb. und erg. Aufl., R. Oldenburg Verlag, München, 1988

begründet. Die Gesellschaft nimmt dieses Leiden anders wahr als er. Kunst und Natur werden zum Thema, als Lenz zum Beispiel zwei Mädchen auf einer Bank sitzen sieht, dieses Bild stellt für ihn eine hohe Kunst dar. Außerdem erklärt Oberlin ihm einmal etwas über die Bedeutung von Farbtäfelchen und es gibt Gespräche über berühmte Maler und Literatur. Die Religion spielt für die Wahrnehmungsweisen beider, Lenz' und vor allem auch Oberlins, eine große Rolle. Für Lenz ist es eine Genugtuung eine Predigt zu führen und außerdem betet er sehr oft in der Nacht zu Gott. Da Oberlin Pfarrer ist, ist es logisch, dass seine Art der Wahrnehmung durch die Religion geprägt ist, da er alles, was sich zuträgt, als eine Schickung Gottes ansieht.

Das Ergebnis ist in der Geschichte, dass es zu mehreren Formen der Wahrnehmung kommt, allerdings sieht der Leser vor allem die von Lenz, die anderen werden außer Acht gelassen, da die Geschichte nicht aus der Sicht von Oberlins oder einer anderen Person erzählt wird, man kann sie sich nur anhand der Figurenreden versuchen vorzustellen.

Letztendlich ist Georg Büchners Erzählung ein gelungener Versuch, den Einblick in die Gefühlswelt des psychisch kranken Schriftstellers Jakob Michael Reinhold Lenz, welcher von 1751 bis 1792 lebte[17], zu geben. Büchner hat das vermutlich so gut gemeistert, da er einmal selbst psychisch erkrankt war und sich deshalb in Lenz hineinversetzen konnte, obwohl ihm nur der Bericht Oberlins als Basis dienen konnte. Es stellt sich letztendlich die Frage, ob die Wahrnehmungsweise Büchners der von Lenz entspricht, aber es wird wohl kaum möglich sein, das herauszufinden, da man weder den Autor der Geschichte, Georg Büchner, noch den historischen Schriftsteller Jakob Lenz danach fragen kann.

---

[17] URL: http://gutenberg.soforthoeren.de/product.5362.Lenz__Georg_Buechner.html